어르신
레크레이션북
시리즈 17

어휘력·뇌 훈련·노화방지에 도움 되는

어른을 위한
채근담
필사 노트

세와 권
명예
청렴 술
결

菜 根 譚

부	귀	영	화	를
부	귀	영	화	를
가	까	이	하	지
가	까	이	하	지
않	는		이	도

김진남 엮음

KB188664

Vitamin
헬스케어 Book

뇌 운동으로 뇌를 젊게!

　사람이 나이를 먹어 노화가 진행되면 뇌도 함께 늙어갑니다. 뇌의 인지 능력이 떨어져서 새로 배운 것을 기억해 내는 힘은 점점 저하되지만 지혜나 지식, 경험은 나이를 먹을수록 축적됩니다. 오랫동안 지식이나 경험이 계속 쌓이다 보니 삶에서 우러나온 지혜는 오히려 젊은이들보다 뛰어난 경우가 많습니다.

　뇌는 나이와 상관없이 변화하고 발달할 수 있습니다. 그러므로 뇌를 잘 알고 관리하면 노화의 속도를 늦출 수 있으며 기억력도 더 좋아질 수 있습니다. 때때로 생각이 나지 않는 상황과 맞닥뜨릴 때는 나이를 탓하며 포기하지 말고 기억력 향상에 도움을 주는 방법을 찾아 노력해 봅시다.

뇌가 젊어지는 방법

1) 꾸준히 두뇌 활동을 한다 : 손을 사용하여 뇌를 자극하면 좋습니다. 종이접기, 색칠하기, 퍼즐 등을 자주 풀면 뇌의 기능을 향상시킬 수 있습니다.

2) 몸을 움직인다 : 유산소 운동이나 근육 운동을 늘립니다. 근육 운동뿐 아니라 사회활동과 긍정적인 사고를 하는 사람은 치매에 걸릴 확률이 낮아집니다. 걷기, 등산, 수영, 명상 등 운동을 꾸준히 합니다.

3) 식사에 신경을 쓴다 : 뇌를 지키기 위해서는 제때에 규칙적으로 식사하고 생선·채소·과일 등을 많이 섭취하며 기름진 음식은 자제하도록 합니다. 특히 비만이 되지 않도록 체중 조절에 신경 써야 합니다.

4) 사람들과 적극적으로 교류한다 : 다양한 인간관계를 유지하고 여러 사람과 교류하도록 노력해야 합니다. 봉사활동 등을 통해 좀 더 다양하고 친밀한 사회적 관계를 맺을 수 있습니다. 홀로 집에만 있지 말고 밖으로 나가서 만나도록 합시다.

채근담
제사(題詞)*

　방문객을 멀리 하고 외로이 누추한 집에 파묻혀 살면서 세속 따라 사는 사람들과 어울리기를 즐기되 세상을 버린 사람들과 교류하기는 즐기지 않았다. 외람되게 옛 성현들과 더불어 경전의 바른 뜻을 밝히기에 힘쓸 뿐, 부질없이 몇몇 사람들과 함께 절간이나 도관 같은 곳에 함부로 서성거리지는 않았다. 날마다 어부나 농부들과 더불어 오호(伍湖)의 물가라든가 푸른 들 가운데서 읊조리고 노래하였지만, 사소한 이익을 다투거나 얼마 안 되는 녹봉을 영광으로 여기는 자들과 염량의 마당이나 권문세가의 흥정하는 방안에 모여 회포를 푼 적은 없었다.

　간혹 성리학을 배우려는 사람이 있으면 가르쳐주고, 불가의 학설을 배우려는 사람에게는 그것을 일깨워주되, 허황된 공론을 일삼는 자는 멀리하였다. 이로써 나는 산속에서 수양을 쌓기에 족하였다.

　때마침 친구인 홍자성이 '채근담'을 가지고 와서 나에게 보이면서 서문을 써달라고 청해 왔다. 나는 처음에는 수박 겉핥기로 대수롭지 않게 보았을 뿐이었다. 그러나 책상 위의 고서들을 치우고 마음속의 잡념을 털어버린 다음 정독을 하고 나서야 예사로운 책이 아님을 깨달았다.

그 글이 마음의 본성을 논함이 이미 깊은 경지에 이르고, 인정을 말함이 인간 세상의 고충을 곡진하게 밝혀 놓았다. 천지의 이치를 관찰하여 가슴 속의 여유를 보고, 부귀공명을 티끌같이 보았으니 그 식견의 취미가 멀고도 높음을 알 수 있다. 붓 끝에 그려진 것은 녹수청산이 그려지고, 하는 말 모두가 자연법칙 그대로이다.

이에 그가 얼마나 스스로 깨달았는지는 알 수는 없지만, 그가 지은 문장을 보면 모두가 세상을 깨우치고 사람을 각성시키는 긴요한 구절들뿐이어서 귀로 듣고 금방 입 밖으로 나오는 그런 경박한 것이 아니다.

채근담이라고 이름 붙인 이유는 본디 청렴한 생활을 바탕으로 하였고, 또한 스스로 가꾸고 물을 주는 가운데서 터득했기 때문이리라. 세상의 풍파에 시달리고 갖은 고난을 겪으면서 고루 맛보았음을 상상할 수 있다.

홍자성은 말하기를, '하늘이 내 몸을 수고롭게 한다면 나는 내 마음을 편안하게 함으로써 이를 보충할 것이며, 하늘이 나에게 곤궁하게 만든다면 나는 나의 도를 형통하게 함으로써 이를 뚫고 나갈 것이다'라고 하였다. 그 자신이 신중하게 경계하고 스스로 힘썼음을 또한 알 수 있으리라. 이상과 같기에 몇 마디 적어서 이 책을 세간에 공표하여, 채근담이야말로 인생의 참맛이 있음을 알리고자 한다.

삼봉주인 우공겸 쓰다

* 제사(題詞) : 책 편찬 시에 같은 시대 인물인 우공겸에게 책의 서문을 써달라고 부탁하여 우공겸이 써준 서문

차례

채근담
필사 노트

뜻을 생각하며 읽고 따라 써 보세요.

영예와 이익을 얻는 데는 남들 앞에 서지 말고, 덕행과 업적을 쌓는 데는 남에게 뒤떨어지지 말라. 받아서 누림은 분수를 넘지 말고, 수양과 실천은 자기의 능력을 줄이지 말라.

寵利毋居人前, 德業毋落人後.
총 리 무 거 인 전　　덕 업 무 락 인 후
受享毋踰分外, 修爲毋減分中.
수 향 무 유 분 외　　수 위 무 감 분 중

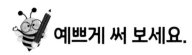 **예쁘게 써 보세요.**

영	예	와		이	익	을		얻	는	✓
영	예	와		이	익	을		얻	는	
데	는		남	들		앞	에		서	지 ✓
데	는		남	들		앞	에		서	지
말	고	,	덕	행	과		업	적	을	
말	고	,	덕	행	과		업	적	을	

쌓는 데는 남에게 뒤
떨어지지 말라. 받아서 ✓
누림은 분수를 넘지
말고, 수양과 실천은
자기의 능력을 줄이지 ✓
말라.

뜻을 생각하며 읽고 따라 써 보세요.

　일이 막히고 세력이 약해진 사람은 마땅히 처음 시작했을 때의 마음을 돌이켜 보아야 하고 공을 이루어 만족한 사람은 그 말로에 닥칠 어려움을 살펴야 한다.

事窮勢蹙之人　當原其初心
사 궁 세 축 지 인　당 원 기 초 심

功成行滿之士　要觀其末路.
공 성 행 만 지 사　요 관 기 말 로

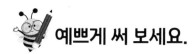 **예쁘게 써 보세요.**

일	이		막	히	고		세	력	이	✓
일	이		막	히	고		세	력	이	
약	해	진		사	람	은		마	땅	히	✓
약	해	진		사	람	은		마	땅	히	
처	음		시	작	했	을		때	의
처	음		시	작	했	을		때	의

마음을 돌이켜 보아야

하고 공을 이루어 만

족한 사람은 그 말로

에 닥칠 어려움을 살

펴야 한다.

뜻을 생각하며 읽고 따라 써 보세요.

소인을 대할 때 엄격하게 하는 것이 어려운 것이 아니라 미워하지 않기가 어려우며, 군자를 대할 때 공손하기는 어렵지 않으나 예를 바르게 갖추기가 어렵다.

待小人 不難扵嚴 而難扵不惡.
대 소 인　불 난 어 엄　이 난 어 불 오

待君子 不難扵恭 而難扵有禮.
대 군 자　불 난 어 공　이 난 어 유 례

 예쁘게 써 보세요.

소	인	을		대	할		때		엄
소	인	을		대	할		때		엄
격	하	게		하	는		것	이		어
격	하	게		하	는		것	이		어
려	운		것	이		아	니	라		미
려	운	,	것	이		아	니	라		미

워하지 않기가 어려우
며, 군자를 대할 때
공손하기는 어렵지 않
으나 예를 바르게 갖
추기가 어렵다.

뜻을 생각하며 읽고 따라 써 보세요.

　평민이라 할지라도 기꺼이 덕을 쌓고 은혜를 베푼다면 벼슬 없는
재상이 되고, 사대부라 하더라도 한갓 권세를 탐하고 총애를 판다
면 마침내 벼슬 있는 거지가 되는 것이다.

平民肯種德施惠　便是無位的公相
평 민 긍 종 덕 시 혜　변 시 무 위 적 공 상

士夫徒貪權市寵　竟成有爵的乞人.
사 부 도 탐 권 시 총　경 성 유 작 적 걸 인

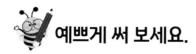 **예쁘게 써 보세요.**

평	민	이	라		할	지	라	도
평	민	이	라		할	지	라	도
기	꺼	이		덕	을		쌓	고		은
기	꺼	이		덕	을		쌓	고		은
혜	를		베	푼	다	면		벼	슬
혜	를		베	푼	다	면		벼	슬

없는 재상이 되고, 사
대부라 하더라도 한갓 ✓
권세를 탐하고 총애를 ✓
판다면 마침내 벼슬
있는 거지가 되는 것
이다.

뜻을 생각하며 읽고 따라 써 보세요.

　군자이면서 위선적인 행동을 하는 것은 소인이 나쁜 일을 일삼
는 것과 다름없으며, 군자로서 절개를 바꾸는 것은 소인이 스스로
제 잘못을 고치는 것만도 못하다.

君子而詐善	無異小人之肆惡.
군 자 이 사 선	무 이 소 인 지 사 악
君子而改節	不及小人之自新.
군 자 이 개 절	불 급 소 인 지 자 신

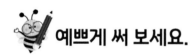 **예쁘게 써 보세요.**

군	자	이	면	서		위	선	적	인	✓
군	자	이	면	서		위	선	적	인	

행	동	을		하	는		것	은		소
행	동	을		하	는		것	은		소

인	이		나	쁜		일	을		일	삼
인	이	,	나	쁜		일	을		일	삼

는 것과 다름없으며,

군자로서 절개를 바꾸

는 것은 소인이 스스

로 제 잘못을 고치는 ✓

것만도 못하다.

뜻을 생각하며 읽고 따라 써 보세요.

 작은 일을 하더라도 빈틈이 없게 하고 남이 보지 않는 곳에서도 속이거나 숨기지 않으며 일이 실패했더라도 나태하거나 포기하지 않으면 그런 사람이야말로 진정한 영웅이다.

小處不滲漏 暗中不欺隱
소 처 불 삼 루   암 중 불 기 은
末路不怠荒 纔是個眞正英雄.
말 로 불 태 황   재 시 개 진 정 영 웅

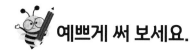 **예쁘게 써 보세요.**

작	은		일	을		하	더	라	도	✓
작	은		일	을		하	더	라	도	
빈	틈	이		없	게		하	고		남
빈	틈	이		없	게		하	고		남
이		보	지		않	는		곳	에	서
이		보	지		않	는		곳	에	서

도 속이거나 숨기지
않으며 일이 실패했더
라도 나태하거나 포기
하지 않으면 그런 사
람이야말로 진정한 영
웅이다.

뜻을 생각하며 읽고 따라 써 보세요.

 남이 나를 속이는 것을 알지라도 말로 나타내지 않고 남이 자기를 업신여긴다 해도 안색이 변치 않는다면 이 가운데 무궁한 뜻이 있고 또 무궁한 효능이 있는 것이다.

覺人之詐 不形於言 受人之侮 不動於色
각 인 지 사 불 형 어 언 수 인 지 모 부 동 어 색
此中有無窮意味 亦有無窮受用.
차 중 유 무 궁 의 미 역 유 무 궁 수 용

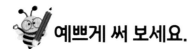 **예쁘게 써 보세요.**

남	이		나	를		속	이	는
남	이		나	를		속	이	는
것	을		알	지	라	도		말	로
것	을		알	지	라	도		말	로
나	타	내	지		않	고		남	이
나	타	내	지		않	고		남	이

자기를 업신여긴다 해
도 안색이 변치 않는
다면 이 가운데 무궁
한 뜻이 있고 또 무
궁한 효능이 있는 것
이다.

남의 허물은 마땅히 용서해야 하겠지만 자신의 허물은 용서해서는 안 된다. 내가 겪고 있는 곤궁과 굴욕은 마땅히 참아야 하겠지만 다른 사람이 당한 곤욕을 방관해서는 안 된다.

人之過誤宜恕 而在己則不可恕.
인 지 과 오 의 서　이 재 기 즉 불 가 서
己之困辱當忍 而在人則不可忍.
기 지 곤 욕 당 인　이 재 인 즉 불 가 인

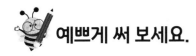 **예쁘게 써 보세요.**

남	의		허	물	은		마	땅	히	✓
남	의		허	물	은		마	땅	히	
용	서	해	야		하	겠	지	만		자
용	서	해	야		하	겠	지	만		자
신	의		허	물	은		용	서	해	서
신	의		허	물	은		용	서	해	서

는 안 된다. 내가 겪
고 있는 곤궁과 굴욕
은 마땅히 참아야 하
겠지만 다른 사람이
당한 곤욕을 방관해서
는 안 된다.

뜻을 생각하며 읽고 따라 써 보세요.

 아직 이루지 못한 공을 도모하는 것은 이미 이루어 놓은 일을 보전함만 같지 못하고, 지난날의 허물을 뉘우치는 것은 앞으로 다가올 잘못을 미리 대비하는 것만 못하다.

> 圖未就之功 不如保已成之業
> 도 미 취 지 공   불 여 보 이 성 지 업
> 悔旣往之失 不如防將來之非.
> 회 기 왕 지 실   불 여 방 장 래 지 비

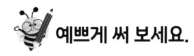 **예쁘게 써 보세요.**

아	직		이	루	지		못	한	
아	직		이	루	지		못	한	
공	을		도	모	하	는		것	은
공	을		도	모	하	는		것	은
이	미		이	루	어		놓	은	일
이	미		이	루	어		놓	은	일

을 보전함만 같지 못
하고, 지난날의 허물을∨
뉘우치는 것은 앞으로∨
다가올 잘못을 미리
대비하는 것만 못하다.

뜻을 생각하며 읽고 따라 써 보세요.

자비로운 하나의 생각은 천지간의 온화한 기운을 빚어낼 것이요, 가슴속 한 치의 청렴결백한 마음은 가히 맑고 향기로운 이름을 영원히 남길 수 있다.

一念慈祥 可以醞釀兩間和氣.
일 념 자 상 가 이 온 양 량 간 화 기

寸心潔白 可以昭垂百代淸芬.
촌 심 결 백 가 이 소 수 백 대 청 분

 예쁘게 써 보세요.

자	비	로	운		하	나	의		생
각	은		천	지	간	의		온	화	한 ✓
기	운	을		빚	어	낼		것	이	요,

가슴속 한 치의 청렴

결백한 마음은 가히

맑고 향기로운 이름을✓

영원히 남길 수 있다.

뜻을 생각하며 읽고 따라 써 보세요.

소인과는 원수를 맺지 말라. 소인은 그에게 걸맞는 적수가 있기 때문이다. 군자에게 아첨하지 말라. 군자는 원래 사사로운 은혜를 베풀지 않기 때문이다.

休與小人仇讐 小人自有對頭.
휴 여 소 인 구 수 소 인 자 유 대 두
休向君子諂媚 君子原無私惠.
휴 향 군 자 첨 미 군 자 원 무 사 혜

 예쁘게 써 보세요.

	소	인	과	는		원	수	를		맺
지		말	라	.	소	인	은		그	에
게		걸	맞	는		적	수	가		있

기 때문이다. 군자에게 ✓

아첨하지 말라. 군자는 ✓

원래 사사로운 은혜를 ✓

베풀지 않기 때문이다.

뜻을 생각하며 읽고 따라 써 보세요.

 높은 관직에 있어도 초야에 은거하여 명예와 이익을 구하지 않는 은자의 고결한 풍취를 가져야 하고 초야에 은거하면서도 모름지기 국가를 다스리는 포부를 지녀야 한다.

居軒冕之中 不可無山林的氣味
거 헌 면 지 중   불 가 무 산 림 적 기 미

處林泉之下 須要懷廊廟的經綸.
처 림 천 지 하   수 요 회 랑 묘 적 경 륜

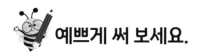 **예쁘게 써 보세요.**

높	은		관	직	에		있	어	도	✓
초	야	에		은	거	하	여		명	예
와		이	익	을		구	하	지		않

는 은자의 고결한 풍취를 가져야 하고 초야에 은거하면서도 모름지기 국가를 다스리는 포부를 지녀야 한다.

5			4	8			1	9	7	
3		1	2	7	5		6		8
7	6	8			3	9	2	5	1
6	4	9	3	8	7	1	2	5
2		5		9	6		8	7
8	1	7	5	4	2	3	6	9
	5		7	1	3	8	9	6
9	8	3	6			7		2
1	7	6	9		8	5	3	4

DATE:

TIME:

미로 찾기 1

꿀벌이 꿀을 가지고 꿀통이 있는 곳으로 갈 수 있도록 가는 길을 안내해 주세요.

뜻을 생각하며 읽고 따라 써 보세요.

 차라리 소인에게 시기와 헐뜯음을 받을지언정 소인배의 아첨하는 대상이 되어서는 안 된다. 차라리 군자의 꾸짖음을 받아 바로잡힐지언정 군자가 감싸는 대상이 되어서는 안 된다.

寧爲小人所忌毁 毋爲小人所媚悅.
영 위 소 인 소 기 훼　무 위 소 인 소 미 열
寧爲君子所責修 毋爲君子所包容.
영 위 군 자 소 책 수　무 위 군 자 소 포 용

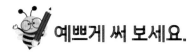 **예쁘게 써 보세요.**

차	라	리		소	인	에	게		시
차	라	리		소	인	에	게		시
기	와		헐	뜯	음	을		받	을	지
기	와		헐	뜯	음	을		받	을	지
언	정		소	인	배	의		아	첨	하
언	정		소	인	배	의		아	첨	하

는 대상이 되어서는
안 된다. 차라리 군자
의 꾸짖음을 받아 바
로잡힐지언정 군자가
감싸는 대상이 되어서
는 안 된다.

뜻을 생각하며 읽고 따라 써 보세요.

　큰 공을 세우고 큰 사업을 이루는 사람은 대개 허심탄회한 사람이며, 일을 실패하고 기회를 놓치는 사람은 반드시 집착이 강하고 고집이 세다.

建功立業者　多虛圓之士,
건 공 립 업 자　다 허 원 지 사
僨事失機者　必執拗之人.
분 사 실 기 자　필 집 요 지 인

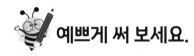 **예쁘게 써 보세요.**

큰	공을	세우고	큰 ✓
큰	공을	세우고	큰

사업을	이루는	사람은 ✓
사업을	이루는	사람은

대개	허심탄회한	사람
대개	허심탄회한	사람

이며, 일을 실패하고
기회를 놓치는 사람은 ∨
반드시 집착이 강하고 ∨
고집이 세다.

뜻을 생각하며 읽고 따라 써 보세요.

　일이 뜻대로 안 된다고 근심하지 말며 생각대로 잘된다고 기뻐하지 말라. 오래도록 편안할 것이라고 믿지 말며 처음 맞는 어려움을 꺼리지 말라.

毋憂拂意 毋喜快心.
무 우 불 의 　무 희 쾌 심

毋恃久安 毋憚初難.
무 시 구 안 　무 탄 초 난

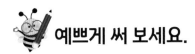 **예쁘게 써 보세요.**

일	이		뜻	대	로		안		된
일	이		뜻	대	로		안		된

다	고		근	심	하	지		말	며
다	고		근	심	하	지		말	며

생	각	대	로		잘	된	다	고	기
생	각	대	로		잘	된	다	고	기

뻐하지 말라. 오래도록✓
편안할 것이라고 믿지✓
말며 처음 맞는 어려
움을 꺼리지 말라.

뜻을 생각하며 읽고 따라 써 보세요.

　부싯돌에 번쩍 하고 마는 불빛 같은 인생에서 서로 길고 짧음을 다투어 이긴들 그 세월이 얼마나 되겠는가. 달팽이 뿔 위에서 자웅을 겨루어 이긴들 얼마나 큰 세상이겠는가.

石火光中爭長競短　幾何光陰.
석 화 광 중 쟁 장 경 단　기 하 광 음.
蝸牛角上較雌論雄　許大世界.
와 우 각 상 교 자 논 웅　허 대 세 계.

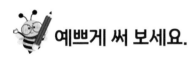 **예쁘게 써 보세요.**

부	싯	돌	에		번	쩍		하	고	✓
부	싯	돌	에		번	쩍		하	고	
마	는		불	빛		같	은		인	생
마	는		불	빛		같	은		인	생
에	서		서	로		길	고		짧	음
에	서		서	로		길	고		짧	음

을 　 다투어 　 이긴들 　 그 ✓
세월이 　 얼마나 　 되겠는
가. 달팽이 　 뿔 　 위에서 ✓
자웅을 　 겨루어 　 이긴들 ✓
얼마나 　 큰 　 세상이겠는
가.

뜻을 생각하며 읽고 따라 써 보세요.

 권력에 빌붙다가 초래한 재앙은 매우 참혹하고 매우 빠르게 닥치지만 욕심 없이 평안하게 지내는 정취는 참으로 담백하고 또 가장 오래간다.

趨炎附勢之禍　甚慘亦甚速
추 염 부 세 지 화　심 참 역 심 속

棲恬守逸之味　最淡亦最長.
서 념 수 일 지 미　최 담 역 최 장

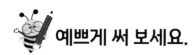 **예쁘게 써 보세요.**

권	력	에		빌	붙	다	가		초
래	한		재	앙	은		매	우	참
혹	하	고		매	우		빠	르	게

닥치지만 욕심 없이

평안하게 지내는 정취

는 참으로 담백하고

또 가장 오래간다.

뜻을 생각하며 읽고 따라 써 보세요.

앞을 다투는 길은 좁으니 한 걸음 뒤로 물러서면 저절로 한 걸음 넓고 평탄해지며, 진하고 좋은 맛은 금방 싫증나니 조금 맑고 담백하게 하면 저절로 그만큼 오래가리라.

爭先的徑路窄 退後一步 自寬平一步,
쟁 선 적 경 로 착   퇴 후 일 보   자 관 평 일 보

濃艷的滋味短 清淡一分 自悠長一分.
농 염 적 자 미 단   청 담 일 분   자 유 장 일 분

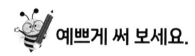 **예쁘게 써 보세요.**

앞을 다투는 길은
좁으니 한 걸음 뒤로 ✓
물러서면 저절로 한

걸음 넓고 평탄해지며,
진하고 좋은 맛은 금
방 싫증나니 조금 맑
고 담백하게 하면 저
절로 그만큼 오래가리
라.

뜻을 생각하며 읽고 따라 써 보세요.

내가 영화를 바라지 않거늘 어찌 이득과 봉록의 향기로운 미끼를
근심할 것이며, 내가 공명을 다투지 않거늘 어찌 벼슬살이의 위태
로움을 두려워하겠는가.

我不希榮 何憂乎利祿之香餌,
아 불 희 영 하 우 호 이 록 지 향 이
我不競進 何畏乎仕官之危機.
아 불 경 진 하 외 호 사 관 지 위 기

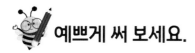 **예쁘게 써 보세요.**

내	가		영	화	를		바	라	지✓
내	가		영	화	롤		바	라	지
않	거	늘		어	찌		이	득	과
않	거	늘		어	찌		이	득	과
봉	록	의		향	기	로	운		미 끼
봉	록	의		향	기	로	운		미 끼

를 근심할 것이며, 내
가 공명을 다투지 않
거늘 어찌 벼슬살이의 ✓
위태로움을 두려워하겠
는가.

뜻을 생각하며 읽고 따라 써 보세요.

몸은 매어놓지 않은 배와 같으니 물 흐름에 따라 흘러가거나 멈추거나 맡겨둘 것이요. 마음은 이미 재가 된 나무와 같으니 칼로 쪼개건 향을 바르건 무슨 상관이 있겠는가.

身如不繫之舟 一任流行坎止.
신 여 불 계 지 주　일 임 유 행 감 지

心似旣灰之木 何妨刀割香塗.
심 사 기 회 지 목　하 방 도 할 향 도

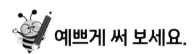 **예쁘게 써 보세요.**

몸	은		매	어	놓	지		않	은	✓
몸	은		매	어	놓	지		않	은	
배	와		같	으	니		물		흐	름
배	와		같	으	니		물		흐	름
에		따	라		흘	러	가	거	나	
에		따	라		흘	러	가	거	나	

멈추거나 맡겨둘 것이
요. 마음은 이미 재가 ✓
된 나무와 같으니 칼
로 쪼개건 향을 바르
건 무슨 상관이 있겠
는가.

뜻을 생각하며 읽고 따라 써 보세요.

늙은이의 입장에서 젊은 시절을 바라보아야 바쁘게 달리고 서로
다투는 마음이 없어질 것이요, 쇠퇴한 처지에서 영화로움을 보면
사치하고 화려해지고자 하는 생각을 끊을 것이다.

自老視少 可以消奔馳角逐之心.
자 로 시 소   가 이 소 분 치 각 축 지 심
自瘁視榮 可以絶紛華靡麗之念.
자 췌 시 영   가 이 절 분 화 미 려 지 념

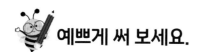 **예쁘게 써 보세요.**

늙	은	이	의		입	장	에	서
늙	은	이	의		입	장	에	서

젊	은		시	절	을		바	라	보	아
젊	은		시	절	을		바	라	보	아

야		바	쁘	게		달	리	고		서
야		바	쁘	게		달	리	고		서

로 다투는 마음이 없

어질 것이요, 쇠퇴한

처지에서 영화로움을

보면 사치하고 화려해

지고자 하는 생각을

끊을 것이다.

뜻을 생각하며 읽고 따라 써 보세요.

　권세와 명예, 부귀영화를 가까이하지 않는 이도 청렴결백하지만 가까이하면서도 물들지 않는 사람이 더욱 고결한 사람이다. 권모술수를 모르는 사람을 고상하다 하고 이를 쓸 줄 알면서도 쓰지 않는 이가 더욱 뛰어난 사람이다.

勢利紛華 不近者爲潔 近之而不染者爲尤潔.
세 리 분 화　불 근 자 위 결　근 지 이 불 염 자 위 우 결
智械機巧 不知者爲高 知之而不用者爲尤高.
지 계 기 교　부 지 자 위 고　지 지 이 불 용 자 위 우 고

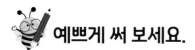 예쁘게 써 보세요.

권	세	와		명	예	,	부	귀	영	화
권	세	와		명	예	,	부	귀	영	화
를		가	까	이	하	지		않	는		이
를		가	까	이	하	지		않	는		이
도		청	렴	결	백	하	지	만		가	까
도		청	렴	결	백	하	지	만		가	까

이하면서도 물들지 않는 ✓

이하면서도 물들지 않는

사람이 더욱 고결한 사

사람이 더욱 고결한 사

람이다. 권모술수를 모르

람이다. 권모술수를 모르

는 사람을 고상하다 하

는 사람을 고상하다 하

고 이를 쓸 줄 알면서

고 이를 쓸 줄 알면서

도 쓰지 않는 이가 더

도 쓰지 않는 이가 더

욱 뛰어난 사람이다.

욱 뛰어난 사람이다.

뜻을 생각하며 읽고 따라 써 보세요.

예로부터 은총 속에서 재앙이 싹트고, 한층 만족스러울 때 일찌감치 돌이켜 반성해야 한다. 실패한 뒤에도 간혹 성공할 수 있으니, 일이 뜻대로 되지 않는다 하여 즉시 손을 떼지 않도록 해야 한다.

恩裡 由來生害, 故快意時 須早回頭.
은 리 유 래 생 해   고 쾌 의 시   수 조 회 두

敗後 或反成功, 故拂心處 莫便放手.
패 후 혹 반 성 공   고 불 심 처   막 편 방 수

 예쁘게 써 보세요.

예	로	부	터		은	총		속	에
서		재	앙	이		싹	트	고	,	한
층		만	족	스	러	울		때		일

찌감치 돌이켜 반성해
야 한다. 실패한 뒤에
도 간혹 성공할 수
있으니, 일이 뜻대로
되지 않는다 하여 즉
시 손을 떼지 않도록 ∨
해야 한다.

스도쿠 2

 SUDOKU

		2	7	1	3	5	8	4
8	4	1	9	5	2	7	6	3
7	5	3		6	8	1	2	
4	1	9	2	8	7	6		5
2	8	5	6		1	4		7
3	7	6	5	9	4	2	1	8
1	2		3	4	9	8	5	6
5	3	8	1	7	6	9		2
	6	4	8	2				1

DATE:

TIME:

56

미로 찾기 2

두 마리의 양이 초원으로 가서 풀을 먹을 수 있도록 가는 길을 안내
해 주세요.

뜻을 생각하며 읽고 따라 써 보세요.

　자기 한 몸에 대하여 자신이 제대로 깨달은 사람이라야 만물을 만물에 맡길 수 있고 천하를 천하에 되돌릴 수 있는 사람이라야 속세에 있으면서도 속세를 벗어나게 한다.

就一身了一身者 方能以萬物付萬物
취 일 신 료 일 신 자　방 능 이 만 물 부 만 물
還天下於天下者 方能出世間於世間.
환 천 하 어 천 하 자　방 능 출 세 간 어 세 간

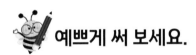 예쁘게 써 보세요.

자	기		한		몸	에		대	하
여		자	신	이		제	대	로	깨
달	은		사	람	이	라	야		만 물

을 만물에 맡길 수
있고 천하를 천하에
되돌릴 수 있는 사람
이라야 속세에 있으면
서도 속세를 벗어나게 ✓
한다.

뜻을 생각하며 읽고 따라 써 보세요.

 남의 허물을 책망할 때는 너무 엄하게 하지 말라. 그가 그 말을 받아서 감당할 수 있는가를 생각해야 한다. 남을 가르칠 때 선으로써 하되 지나치게 높은 것으로 하지 말라. 그로 하여금 따를 수 있게 해야 한다.

攻人之惡 毋太嚴. 要思其堪受.
공 인 지 악 무 태 엄. 요 사 기 감 수

教人以善 毋過高. 當使其可從.
교 인 이 선 무 과 고. 당 사 기 가 종

 예쁘게 써 보세요.

남	의		허	물	을		책	망	할
남	의		허	물	을		책	망	할
때	는		너	무		엄	하	게		하	지	✓
때	는		너	무		엄	하	게		하	지	
말	라	.	그	가		그		말	을		받
말	라	.	그	가		그		말	을		받

아서 감당할 수 있는가
를 생각해야 한다. 남을 ✓
가르칠 때 선으로써 하
되 지나치게 높은 것으
로 하지 말라. 그로 하
여금 따를 수 있게 해
야 한다.

뜻을 생각하며 읽고 따라 써 보세요.

　세상을 살아감에 있어서 반드시 공적을 바라지 말라. 허물이 없으면 그것이 바로 공적이다. 남에게 베풀되 베푼 은덕에 감동하기를 바라지 말라. 원망을 듣지 않고 사는 것이 바로 은덕이다.

處世不必邀功. 無過便是功.
처 세 불 필 요 공　　무 과 변 시 공
與人不求感德. 無怨便是德.
여 인 불 구 감 덕　　무 원 변 시 덕

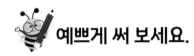 **예쁘게 써 보세요.**

세	상	을		살	아	감	에		있
어	서		반	드	시		공	적	을
바	라	지		말	라	.	허	물	이

없으면 그것이 바로

공적이다. 남에게 베풀

되 베푼 은덕에 감동

하기를 바라지 말라.

원망을 듣지 않고 사

는 것이 바로 은덕이

다.

뜻을 생각하며 읽고 따라 써 보세요.

　세심하고 근면한 것이 미덕이 분명하지만, 과도하게 있는 힘을 다하면 마음이 즐겁고 상쾌하게 할 수 없으며, 담백하다는 것은 고상한 기풍이지만 지나치게 인정이 메마르면 남을 돕고 세상을 이롭게 할 수 없다.

> 憂勤是美德, 太苦則無以適性怡情,
> 우 근 시 미 덕 　 태 고 즉 무 이 적 성 이 정
> 澹泊是高風 太枯則無以濟人利物.
> 담 박 시 고 풍 　 태 고 즉 무 이 제 인 이 물

 예쁘게 써 보세요.

세	심	하	고		근	면	한		것
이		미	덕	이		분	명	하	지	만	,
과	도	하	게		있	는		힘	을

다하면 마음이 즐겁고 ✓

상쾌하게 할 수 없으

며, 담백하다는 것은

고상한 기풍이지만 지

나치게 인정이 메마르

면 남을 돕고 세상을 ✓

이롭게 할 수 없다.

뜻을 생각하며 읽고 따라 써 보세요.

 인정은 변하기 쉽고 세상살이는 험난하고 고생스럽다. 쉽게 갈 수 없는 곳에서는 모름지기 한 걸음 뒤로 물러서는 법을 알아야 하고, 쉽게 갈 수 있는 곳이라도 조금씩 양보하는 정도의 공덕을 더해야 한다.

人情反復 世路崎嶇. 行不去處
인 정 반 복　세 로 기 구　　행 불 거 처

須知退一步之法, 行得去處 務加讓三分之功.
수 지 퇴 일 보 지 법　　행 득 거 처　무 가 양 삼 분 지 공

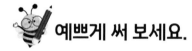 **예쁘게 써 보세요.**

인	정	은		변	하	기		쉽	고 ✓
인	정	은		변	하	기		쉽	고

세	상	살	이	는		험	난	하	고
세	상	살	이	는		험	난	하	고

고	생	스	럽	다	.	쉽	게		갈
고	생	스	럽	다		쉽	게		갈

수 없는 곳에서는 모
름지기 한 걸음 뒤로 ✓
물러서는 법을 알아야 ✓
하고, 쉽게 갈 수 있
는 곳이라도 조금씩
양보하는 정도의 공덕
을 더해야 한다.

뜻을 생각하며 읽고 따라 써 보세요.

　내가 남에게 베푼 공이 있으면 생각하지 말아야 하고, 내가 남에게 잘못한 일은 오래도록 잊지 말라. 남이 나에게 베푼 은혜가 있으면 잊지 말아야 하고, 남이 나에게 끼친 원한이 있으면 잊어야 한다.

我有功於人 不可念, 而過則不可不念.
아 유 공 어 인 불 가 념　이 과 즉 불 가 불 념
人有恩於我 不可忘, 而怨則不可不忘.
인 유 은 어 아 불 가 망　이 원 즉 불 가 불 망

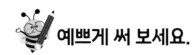 **예쁘게 써 보세요.**

내	가		남	에	게		베	푼	
내	가		남	에	게		베	푼	
공	이		있	으	면		생	각	하	지	✓
공	이		있	으	면		생	각	하	지
말	아	야		하	고	,	내	가		남
말	아	야		하	고	,	내	가		남

에게　잘못한　일은　오
래도록　잊지　말라.　남
이　나에게　베푼　은혜
가　있으면　잊지　말아
야　하고,　남이　나에게 ✓
끼친　원한이　있으면
잊어야　한다.

뜻을 생각하며 읽고 따라 써 보세요.

　진정한 청렴에는 청렴하다는 이름이 없으니, 이름을 드날리고자 하는 것은 바로 탐욕스럽기 때문이다. 가장 뛰어난 재주는 별다른 기교가 있는 것이 아니니, 기묘한 재주를 부리는 것은 곧 졸렬하기 때문이다.

眞廉無廉名, 立名者正所以爲貪.
진 렴 무 렴 명　입 명 자 정 소 이 위 탐

大巧無巧術, 用術者乃所以爲拙.
대 교 무 교 술　용 술 자 내 소 이 위 졸

 예쁘게 써 보세요.

진	정	한		청	렴	에	는		청
렴	하	다	는		이	름	이		없	으
니	,	이	름	을		드	날	리	고	자	✓

하는 것은 바로 탐욕

스럽기 때문이다. 가장 ✓

뛰어난 재주는 별다른 ✓

기교가 있는 것이 아

니니, 기묘한 재주를

부리는 것은 곧 졸렬

하기 때문이다.

뜻을 생각하며 읽고 따라 써 보세요.

　기울어진 그릇은 가득 차면 엎질러지고, 저금통은 비어 있음으로써 온전하다. 그러므로 군자는 차라리 빈 상태에 있을지언정 욕망이 가득 찬 세계에 살지 않으며, 차라리 부족할지언정 완전무결함을 구하지 않는다.

> 攲器以滿覆, 撲滿以空全.
> 기 기 이 만 복　　박 만 이 공 전
>
> 故君子寧居無不居有, 寧處缺不處完.
> 고 군 자 영 거 무 불 거 유　　영 처 결 불 처 완

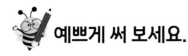 **예쁘게 써 보세요.**

기	울	어	진		그	릇	은		가
기	울	어	진		그	릇	은		가
득		차	면		엎	질	러	지	고,
득		차	면		엎	질	러	지	고,
저	금	통	은		비	어		있	음으
저	금	통	은		비	어		있	음으

로써 온전하다. 그러므
로 군자는 차라리 빈 ✓
상태에 있을지언정 욕
망이 가득 찬 세계에 ✓
살지 않으며, 차라리
부족할지언정 완전무결
함을 구하지 않는다.

뜻을 생각하며 읽고 따라 써 보세요.

악행을 행한 다음 다른 사람이 알까 봐 두려워함은 악행 가운데 아직 선의 길이 있음이요, 착한 일을 행하고 나서 급하게 남이 알 아주기를 바란다면 그 선행 속에 이미 악의 뿌리가 있는 것이다.

爲惡而畏人知　惡中猶有善路,
위 악 이 외 인 지　악 중 유 유 선 로
爲善而急人知　善處卽是惡根.
위 선 이 급 인 지　선 처 즉 시 악 근

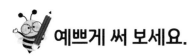 **예쁘게 써 보세요.**

악	행	을		행	한		다	음	
악	행	을		행	한		다	음	
다	른		사	람	이		알	까	봐 ✓
다	른		사	람	이		알	까	봐
두	려	워	함	은		악	행		가	운
두	려	워	함	은		악	행		가	운

데 아직 선의 길이
있음이요, 착한 일을
행하고 나서 급하게
남이 알아주기를 바란
다면 그 선행 속에
이미 악의 뿌리가 있
는 것이다.

뜻을 생각하며 읽고 따라 써 보세요.

사리사욕의 마음은 비어 있지 않으면 안 되나니, 마음이 비어 있으면 정의와 진리가 들어와서 자리를 잡는다. 정의의 마음은 채우지 않으면 안 되나니, 마음을 채워야 물욕이 침입하지 못할 것이다.

心不可不虛, 虛則義理來居.
심 불 가 불 허   허 즉 의 리 래 거

心不可不實, 實則物欲不入.
심 불 가 불 실   실 즉 물 욕 불 입

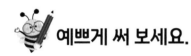 **예쁘게 써 보세요.**

사	리	사	욕	의		마	음	은	

비	어		있	지		않	으	면		안	✓

되	나	니	,	마	음	이		비	어

76

있으면 정의와 진리가 ✓

들어와서 자리를 잡는

다. 정의의 마음은 채

우지 않으면 안 되나

니, 마음을 채워야 물

욕이 침입하지 못할

것이다.

뜻을 생각하며 읽고 따라 써 보세요.

자기 마음을 살펴 늘 원만함을 얻을 수 있다면 온 세상이 저절로 결함이 없는 세계가 될 것이고, 자기 마음을 항상 너그럽고 평온하게 놓아둘 수 있다면 온 세상에 저절로 사악한 인정이 없어질 것이다.

此心常看得圓滿 天下自無缺陷之世界.
차 심 상 간 득 원 만 　 천 하 자 무 결 함 지 세 계

此心常放得寬平 天下自無險側之人情.
차 심 상 방 득 관 평 　 천 하 자 무 험 측 지 인 정

 예쁘게 써 보세요.

자	기		마	음	을		살	펴
늘		원	만	함	을		얻	을		수 ✓
있	다	면		온		세	상	이		저

절로 결함이 없는 세
계가 될 것이고, 자기
마음을 항상 너그럽고
평온하게 놓아둘 수
있다면 온 세상에 저
절로 사악한 인정이
없어질 것이다.

뜻을 생각하며 읽고 따라 써 보세요.

　세상 풍파가 걷혀 잔잔하고 고요한 가운데에서 인생의 참된 경지를 볼 수 있고, 인간의 욕망을 떨쳐 맛이 담백하고 소리 드문 곳에서 마음의 본래 모습을 알 수 있다.

風	恬	浪	靜	中	見	人	生	之	眞	境
풍	념	랑	정	중	견	인	생	지	진	경
味	淡	聲	希	處	識	心	體	之	本	然.
미	담	성	희	처	식	심	체	지	본	연

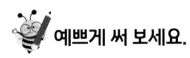 **예쁘게 써 보세요.**

세	상		풍	파	가		걷	혀
세	상		풍	파	가		걷	혀
잔	잔	하	고		고	요	한		가	운
잔	잔	하	고		고	요	한		가	운
데	에	서		인	생	의		참	된
데	에	서		인	생	의		참	된

경지를 볼 수 있고, ✓
인간의 욕망을 떨쳐
맛이 담백하고 소리
드문 곳에서 마음의
본래 모습을 알 수
있다.

81

뜻을 생각하며 읽고 따라 써 보세요.

 남의 사소한 잘못을 책하지 말며, 남의 사사로운 비밀을 드러내지 말며, 남이 과거에 저질렀던 잘못을 생각하지 말아야 한다. 이 세 가지는 나의 덕을 기를 수 있으며, 또한 해로움을 멀리할 수 있다.

不責人小過, 不發人陰私, 不念人舊惡.
불 책 인 소 과 불 발 인 음 사 불 념 인 구 악
三者可以養德, 亦可以遠害.
삼 자 가 이 양 덕 역 가 이 원 해

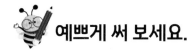 **예쁘게 써 보세요.**

	남	의		사	소	한		잘	못	을	✓
	남	의		사	소	한		잘	못	을	
책	하	지		말	며	,	남	의		사	
책	하	지		말	며		남	의		사	
사	로	운		비	밀	을		드	러	내	
사	로	운		비	밀	을		드	러	내	

지 말며, 남이 과거에 ✓
저질렀던 잘못을 생각
하지 말아야 한다. 이 ✓
세 가지는 나의 덕을 ✓
기를 수 있으며, 또한 ✓
해로움을 멀리할 수
있다.

스도쿠 3

8	5	3	1	2	6	4		9
4	1	6	9	7	3	2		8
7	2		8		5	3		1
9	3	2	4	5	1	6	8	7
5	6	8	2	9				3
	7	4	6	3	8	9	2	5
3			5	6	2	7	9	4
6	4	5		1	9	8	3	2
2	9	7		8	4	5	1	

DATE:

TIME:

84

미로 찾기 3

무당벌레가 꽃이 있는 곳으로 갈 수 있도록 가는 길을 안내해 주세요.

뜻을 생각하며 읽고 따라 써 보세요.

자신의 뜻을 굽혀서 다른 사람을 기쁘게 하느니 차라리 자신의 행실을 올곧게 하여 남의 미움을 받는 것이 낫다. 별로 잘한 일도 없이 남의 칭찬을 받느니 차라리 아무 잘못 없는 채로 남에게 흉잡히는 것이 낫다.

曲意而使人喜, 不若直躬而使人忌.
곡 의 이 사 인 희　불 약 직 궁 이 사 인 기
無善而致人譽, 不若無惡而致人毀.
무 선 이 치 인 예　불 약 무 악 이 치 인 훼

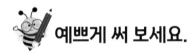 **예쁘게 써 보세요.**

자	신	의		뜻	을		굽	혀	서	
자	신	의		뜻	을		굽	혀	서	
다	른		사	람	을		기	쁘	게	하
다	른		사	람	을		기	쁘	게	하
느	니		차	라	리		자	신	의	행
느	니		차	라	리		자	신	의	행

실을 올곧게 하여 남의 ✓
미움을 받는 것이 낫다.
별로 잘한 일도 없이
남의 칭찬을 받느니 차
라리 아무 잘못 없는
채로 남에게 흉잡히는
것이 낫다.

뜻을 생각하며 읽고 따라 써 보세요.

천금으로도 상대방에게 잠시의 환심조차 얻기 어려울 때가 있는가 하면, 한 끼 식사 대접만으로도 평생 동안 감격하게 만든다. 대체로 사랑이 지나치면 도리어 원한이 되고, 작은 은혜가 도리어 큰 즐거움이 되기도 한다.

千金難結一時之歡, 一飯竟致終身感.
천 금 난 결 일 시 지 환　일 반 경 치 종 신 감
蓋愛重反爲仇, 薄極翻成喜也.
개 애 중 반 위 구　박 극 번 성 희 야

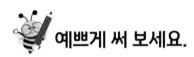 **예쁘게 써 보세요.**

천	금	으	로	도		상	대	방	에	게 ✓
잠	시	의		환	심	조	차		얻	기
어	려	울		때	가		있	는	가	하

면, 한 끼 식사 대접만
으로도 평생 동안 감격
하게 만든다. 대체로 사
랑이 지나치면 도리어
원한이 되고, 작은 은혜
가 도리어 큰 즐거움이 ✓
되기도 한다.

뜻을 생각하며 읽고 따라 써 보세요.

한쪽 편의 말만을 믿음으로써 간사한 사람에게 속지 말아야 하며, 자신의 힘을 과신하여 객기를 부리지 말 것이며, 자신의 장점을 나타내기 위해 남의 단점을 드러내지 말며, 자기가 졸렬하다고 남의 유능함을 시기하지 말라.

毋偏信而爲奸所欺, 毋自任而爲氣所使,
무 편 신 이 위 간 소 기   무 자 임 이 위 기 소 사
毋以己之長而形人之短, 毋因己之拙而忌人之能.
무 이 기 지 장 이 형 인 지 단   무 인 기 지 졸 이 기 인 지 능

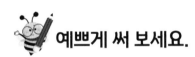 **예쁘게 써 보세요.**

한	쪽	편	의	말	만	을	민
음	으	로	써	간	사	한	사	람	에
게	속	지	말	아	야	하	며	,

자신의 힘을 과신하여
객기를 부리지 말 것이
며, 자신의 장점을 나타
내기 위해 남의 단점을 ✓
드러내지 말며, 자기가
졸렬하다고 남의 유능함
을 시기하지 말라.

뜻을 생각하며 읽고 따라 써 보세요.

 역경과 곤궁은 호걸을 단련하는 한 벌의 화로와 망치이니, 능히 그 단련을 제대로 받으면 몸과 마음에 함께 이로운 것이지만, 그 단련을 이겨내지 못한다면 몸과 마음이 함께 모두 손해가 된다.

橫逆困窮是鍛鍊豪傑的一副鑪錘, 能受其鍛鍊
횡 역 곤 궁 시 단 련 호 걸 적 일 부 로 추　능 수 기 단 련

則心身交盒, 不受其鍛鍊 則心身交損.
즉 심 신 교 익　불 수 기 단 련 즉 심 신 교 손

 예쁘게 써 보세요.

	역	경	과		곤	궁	은		호	걸
을		단	련	하	는		한		벌	의 ✓
화	로	와		망	치	이	니	,	능	히 ✓

92

그 단련을 제대로 받
으면 몸과 마음에 함
께 이로운 것이지만,
그 단련을 이겨내지
못한다면 몸과 마음이 ✓
함께 모두 손해가 된
다.

뜻을 생각하며 읽고 따라 써 보세요.

공로와 과실은 조금도 혼동하지 말아야 한다. 만일 흐리터분하게 하면 사람들이 나태한 마음을 품는다. 은혜와 원한은 너무 분명히 구분 짓지 말아야 한다. 지나치게 구분하면 사람들이 배반하고 의심하는 마음을 일으키리라.

功過不容少混. 混則人懷惰墮之心.
공 과 불 용 소 혼　　혼 즉 인 회 타 타 지 심
恩仇不可大明. 明則人起携貳之志.
은 구 불 가 대 명　　명 즉 인 기 휴 이 지 지

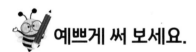 **예쁘게 써 보세요.**

공	로	와		과	실	은		조	금	도	✓
공	로	와		과	실	은		조	금	도	
혼	동	하	지		말	아	야		한	다	.
혼	동	하	지		말	아	야		한	다	.
만	일		흐	리	터	분	하	게		하	면	✓
만	일		흐	리	터	분	하	게		하	면	

사람들이 나태한 마음을 ✓
품는다. 은혜와 원한은
너무 분명히 구분 짓지 ✓
말아야 한다. 지나치게
구분하면 사람들이 배반
하고 의심하는 마음을
일으키리라.

뜻을 생각하며 읽고 따라 써 보세요.

　다른 사람을 믿는 것은 그 사람이 반드시 모두 성실해서가 아니라 자기만은 홀로 진실하기 때문이요, 다른 사람을 의심하는 것은 그 사람이 반드시 다 속여서가 아니라 저 스스로가 먼저 속이기 때문이다.

信人者 人未必盡誠 己則獨誠矣.
신 인 자　인 미 필 진 성　기 즉 독 성 의

疑人者 人未必皆詐 己則先詐矣.
의 인 자　인 미 필 개 사　기 즉 선 사 의

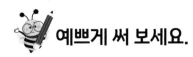 **예쁘게 써 보세요.**

다	른		사	람	을		믿	는	
것	은		그		사	람	이		반	드
시		모	두		성	실	해	서	가

아니라　자기만은　홀로 ✓

진실하기　때문이요,　다

른　사람을　의심하는

것은　그　사람이　반드

시　다　속여서가　아니

라　저　스스로가　먼저 ✓

속이기　때문이다.

뜻을 생각하며 읽고 따라 써 보세요.

　음흉한 모략과 괴상한 버릇, 이상한 행동, 기이한 재주는 모두 세상을 살아가는 데 있어 재앙의 씨가 된다. 다만 한 가지 평범한 덕성과 행실만이 곧 인간의 본성을 온전히 하고 화평을 불러들일 수 있다.

陰謀怪習, 異行奇能, 俱是涉世的禍胎.
음 모 괴 습　이 행 기 능　구 시 섭 세 적 화 태
只一個庸德庸行 便可以完混沌而召和平.
지 일 개 용 덕 용 행　편 가 이 완 혼 돈 이 소 화 평

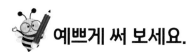 **예쁘게 써 보세요.**

음	흉	한		모	략	과		괴	상
음	흉	한		모	략	과		괴	상
한		버	릇	,	이	상	한		행	동	,
한		버	릇	,	이	상	한		행	동	,
기	이	한		재	주	는		모	두
기	이	한		재	주	는		모	두

세상을 살아가는 데
있어 재앙의 씨가 된
다. 다만 한 가지 평
범한 덕성과 행실만이 ✓
곧 인간의 본성을 온
전히 하고 화평을 불
러들일 수 있다.

뜻을 생각하며 읽고 따라 써 보세요.

　세상을 살아감에는 마땅히 세속에 휩쓸려서도 안 되고, 또한 세속과 달리하여도 안 된다. 일을 추진할 때는 남들의 미움을 받아서도 안 되지만 그렇다고 남들의 비위를 맞추려 해서도 안 된다.

處世不宜與俗同, 亦不宜與俗異.
처 세 불 의 여 속 동　역 불 의 여 속 이
作事不宜令人厭 亦不宜令人喜.
작 사 불 의 령 인 염　역 불 의 령 인 희

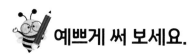 **예쁘게 써 보세요.**

세	상	을		살	아	감	에	는	
세	상	을		살	아	감	에	는	
마	땅	히		세	속	에		휩	쓸	려
마	땅	히		세	속	에		휩	쓸	려
서	도		안		되	고	,	또	한
서	도		안		되	고	,	또	한

세속과 달리하여도 안 ✓
된다. 일을 추진할 때
는 남들의 미움을 받
아서도 안 되지만 그
렇다고 남들의 비위를 ✓
맞추려 해서도 안 된
다.

뜻을 생각하며 읽고 따라 써 보세요.

　하루 해가 이미 저물었어도 오히려 노을이 아름답고, 한 해가 장차 저물려고 하는데 다시 등자와 귤이 꽃다운 향기를 풍긴다. 그러므로 군자는 인생의 만년에 다시금 정신을 백 갑절 가다듬어야 할 것이다.

日旣暮而猶烟霞絢爛, 歲將晚而更橙橘芳馨.
일 기 모 이 유 연 하 현 란　세 장 만 이 갱 등 귤 방 형
故末路晚年 君子更宜精神百倍.
고 말 로 만 년　군 자 갱 의 정 신 백 배

 예쁘게 써 보세요.

하	루		해	가		이	미		저
하	루		해	가		이	미		저
물	었	어	도		오	히	려		노	을
물	었	어	도		오	히	려		노	을
이		아	름	답	고	,		한		해	가	✓
이		아	름	답	고	,		한		해	가	

장차 저물려고 하는데 ✓

다시 등자와 귤이 꽃

다운 향기를 풍긴다.

그러므로 군자는 인생

의 만년에 다시금 정

신을 백 갑절 가다듬

어야 할 것이다.

뜻을 생각하며 읽고 따라 써 보세요.

　검소함은 미덕이지만 도가 지나치면 탐욕스럽고 인색하게 되어 인정과 도리를 해치게 된다. 겸양은 아름다운 행실이지만 도를 넘어서면 지나치게 겸손하며 소심하게 되어 이기심이 생기는 경우가 많게 된다.

儉美德也	過則爲慳吝	爲鄙嗇	反傷雅道.
검 미 덕 야	과 즉 위 간 린	위 비 색	반 상 아 도
讓懿行也	過則爲足恭	爲曲謹	多出機心.
양 의 행 야	과 즉 위 족 공	위 곡 근	다 출 기 심

 예쁘게 써 보세요.

검	소	함	은		미	덕	이	지	만	✓
검	소	함	은		미	덕	이	지	만	
도	가		지	나	치	면		탐	욕	스
도	가		지	나	치	면		탐	욕	스
럽	고		인	색	하	게		되	어	
럽	고		인	색	하	게		되	어	

인정과 도리를 해치게

된다. 겸양은 아름다운

행실이지만 도를 넘어

서면 지나치게 겸손하

며 소심하게 되어 이

기심이 생기는 경우가

많게 된다.

뜻을 생각하며 읽고 따라 써 보세요.

　사람을 쓸 때는 너무 각박하게 대하지 말아야 한다. 너무 각박하게 대하면 열심히 일하려고 했던 사람이 떠나간다. 친구를 사귐에 있어서는 함부로 하지 말아야 한다. 사람을 함부로 사귀다 보면 아첨하는 자들이 모여든다.

用人不宜刻. 刻則思效者去.
용 인 불 의 각　　각 즉 사 효 자 거

交友不宜濫. 濫則貢諛者來.
교 우 불 의 람　　남 즉 공 유 자 래

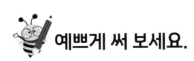 **예쁘게 써 보세요.**

사	람	을		쓸		때	는		너	무	✓
사	람	을		쓸		때	는		너	무	

각	박	하	게		대	하	지		말	아	야	✓
각	박	하	게		대	하	지		말	아	야	

한	다	.		너	무		각	박	하	게		대
한	다	.		너	무		각	박	하	게		대

하면 열심히 일하려고
했던 사람이 떠나간다.
친구를 사귐에 있어서는 ✓
함부로 하지 말아야 한
다. 사람을 함부로 사귀
다 보면 아첨하는 자들
이 모여든다.

뜻을 생각하며 읽고 따라 써 보세요.

정신이 왕성하면 베 이불을 덮고 좁은 방에서도 즐겨 잘 수 있으며 천지의 온화한 기운을 얻을 것이요, 입맛이 만족하면 명아주 국에 거친 보리밥을 먹어도 만족을 느낄 수 있으며 인생의 담박한 참맛을 알 수 있다.

神酣布被窩中　得天地沖和之氣,
신 감 포 피 와 중　득 천 지 충 화 지 기
味足藜羹飯後　識人生澹泊之眞.
미 족 려 갱 반 후　식 인 생 담 박 지 진

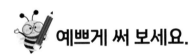 **예쁘게 써 보세요.**

정	신	이		왕	성	하	면		베
정	신	이		왕	성	하	면		베

이	불	을		덮	고		좁	은		방	에
이	불	을		덮	고		좁	은		방	에

서	도		즐	겨		잘		수		있	으
서	도		즐	겨		잘		수		있	으

며 천지의 온화한 기운
을 얻을 것이요, 입맛이 ✓
만족하면 명아주 국에
거친 보리밥을 먹어도
만족을 느낄 수 있으며 ✓
인생의 담박한 참맛을
알 수 있다.

스도쿠 4

6	7	9	8	3		1	5	4
2		4	9		1		8	6
1		5	7	4	6	2	3	9
3	5	1	4	6	8	9	7	2
9		7	2	1	5	3	4	8
4	2	8			7	5	6	1
5	9		1	8			2	7
7	4	3	6	2	9	8		5
	1	2	5	7	4	6		3

DATE:

TIME:

미로 찾기 4

불이 났어요. 소방차가 불을 끌 수 있도록 가는 길을 안내해 주세요.

속담 퀴즈

1. $\boxed{ㄱ}$ 이나 보고 $\boxed{ㄸ}$ 이나 먹어라.

   상관없는 일에는 괜히 참견하지 않는 것이 이롭다.

2. $\boxed{ㄱ}$ $\boxed{ㅁ}$ $\boxed{ㄱ}$ $\boxed{ㄹ}$ 3년이요
   $\boxed{ㅂ}$ $\boxed{ㅇ}$ $\boxed{ㄹ}$ 3년이라.

   옛말에 새로 시집온 여자는 괜한 일은 못 들은 체하고 말수를 줄이는 것이 좋은 처세다.

3. 늦게 배운 $\boxed{ㄷ}$ $\boxed{ㄷ}$ $\boxed{ㅈ}$ 에 날 새는 줄 모른다.

   남보다 늦게 배운 사람이 오히려 더 적극적으로 행동한다.

1. 굿-떡
2. 귀머거리-벙어리
3. 도둑질

4. 손님과 ㅅ ㅅ 은 ㅅ ㅎ 이 지나면 악취가 난다.

> 환영받는 손님이라도 오래 머물면 귀찮은 존재가 된다.

5. ㅂ ㅈ ㅈ 도 마주 들면 가볍다.

> 간단한 일이라도 여럿이 힘을 합치면 쉽게 끝낼 수 있다.

6. ㅂ ㄸ ㅁ 의 소금도 집어넣어야 짜다.

> 손쉬운 작업이라도 정성을 기울여야 결과가 이루어진다.

4. 생선-사흘
5. 백지장
6. 부뚜막

한자 퍼즐

1

顧 問 溫 知 訪 新

가로 열쇠 →
1. 돌아보지 않음.
3. 누군가를 찾아온 손님.
5. 옛것을 익히고 이를 통해 새것을 알 수 있음.

세로 열쇠 ↓
1. 물어보지 않아도 알 수 있음.
2. 가게에 찾아오는 손님.
4. 자연 그대로의 기온.

2

教 特 色 備 患

가로 열쇠 →
1. 재능이 뛰어난 제자를 기름.
3. 다른 것에 비해 두드러진 것.
5. 준비가 갖춰져 있으면 근심이 없음.

세로 열쇠 ↓
1. 뛰어나고 훌륭함.
2. 여자가 재주와 미모를 모두 갖춤.
4. 걱정거리.

¹安		²運	
³	類		⁴成
藝		5	

書 全 業 搬 轉 績 作

가로 열쇠 →

1. 사고가 생기지 않도록 조심스럽게 운행함.

3. 문자로 기록된 문서를 만들어냄.

5. 사업에서 이루어낸 공적.

세로 열쇠 ↓

2. 짐을 적재하고 이동시키는 일.

3. 붓으로 글씨를 쓰는 예술.

4. 학생이 배운 지식을 평가한 결과.

1		2	訓
³小		科	
			⁴充
5大		名	

教 棒 兒 針 義 分

가로 열쇠 →

2. 장래에 지침이 될만한 가르침.

3. 어린이의 내과 질병을 다루는 분야.

5. 어떤 일을 추진하는데 내세우는 구실.

세로 열쇠 ↓

1. 작은 일을 크게 부풀려 떠벌림.

2. 학교에서 가르쳐야 할 내용을 정리한 것.

4. 부족함 없이 넉넉함.

⑤

가로 열쇠

1. 중학교 교육을 바탕으로 하여 중등 교육 및 실업 교육을 베푸는 학교. (고등학교)

4. 없던 것이나 숨겨져 있던 것이 나타나거나 나타나 보임. (출현)

5. 스승의 집에 드나들며 가르침을 받는 제자. (문하생)

6. 악보를 적을 수 있도록, 가로로 다섯 줄의 평행선이 그어진 종이. (오선지)

8. 땅속. (지하)

10. 면회하기 위하여 따로 시설한 방. (면회실)

12. 어떤 모양을 이룸. (형성)

14. 역기를 들어 올려 그 기록을 겨루는 경기. (역도)

15. 예식을 하도록 여러 가지 시설을 갖춘 곳. (예식장)

16. 의사 결정에 필요한 구성원의 수. (정족수)

세로 열쇠

2. 지도상 표준 해면에서 같은 높이에 있는 지점들을 연결한 선. (등고선)

3. 학교의 정문. (교문)

4. 출생한 지역. (출생지)

6. 다섯 개의 모가 진 평면 도형. (오각형)

7. 신문의 기사가 실린 면. (지면)

9. 빗물이나 쓰고 버린 더러운 물이 흘러가게 만든 도랑이나 시설. (하수도)

11. 자신의 작품 중에서 마음이 흐뭇하도록 잘된 작품. (회심작)

13. 성년에 달했을 때 하는 의식. (성년식)

14. 힘이나 기량 등이 모자람. (역부족)

🍎 보기에서 한자를 골라 쓰세요.

1	2		3		4	
			5			
6		7			8	9
		10	11			
12	13				14	
15				16		

보기 🐝

校門　力道　紙面　地下　出現　形成　等高線　面會室　門下生　成年式　力不足
禮式場　五角形　五線紙　定足數　出生地　下水道　會心作　高等學校

종이접기 1

★☆☆
책갈피

1 색종이를 3등분해서
잘라 주세요.

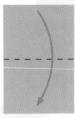

2 가로로 반 접어
주세요

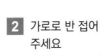

3 세로로 반 접었다 펴서
표시선을 만들고

4 그 표시선에 맞춰 양쪽을
삼각형 모양으로 접어 주세요.

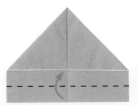

5 아래의 앞쪽 종이를 위로
반 접어 올려주세요.

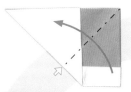 

10 종이 사이에 손을 넣어 벌리며
왼쪽으로 밀어서 눌러 접어 주세요.

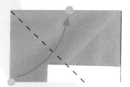

9 뒤집어서 앞과 똑같이
●와 ●가 만나도록
접어 주세요.

8 ●와 ●가 만나도록 접어 주세요.

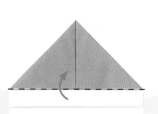 

6 아래의 앞쪽 종이를 다시 한번 더
접어 위로 올려주세요.

7 종이 사이에 손을 넣어 벌리며
눌러 접어 주세요.

종이접기 2

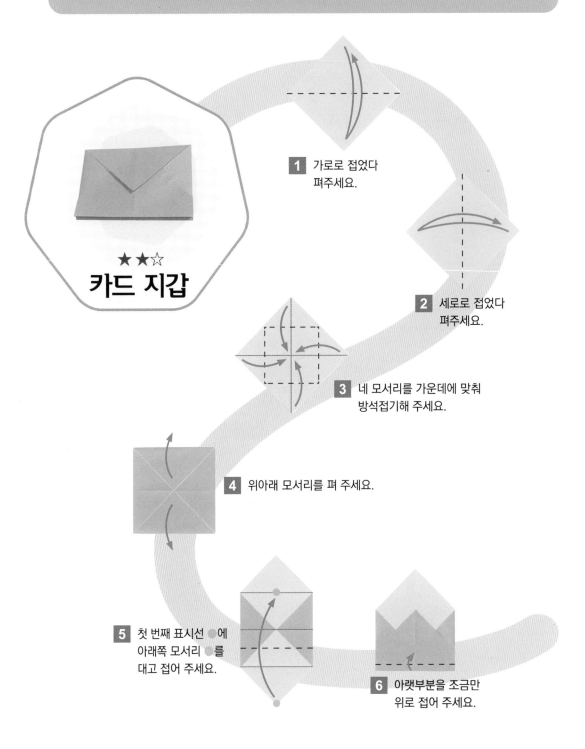

★★☆
카드 지갑

1 가로로 접었다
펴주세요.

2 세로로 접었다
펴주세요.

3 네 모서리를 가운데에 맞춰
방석접기해 주세요.

4 위아래 모서리를 펴 주세요.

5 첫 번째 표시선 ● 에
아래쪽 모서리 ● 를
대고 접어 주세요.

6 아랫부분을 조금만
위로 접어 주세요.

120

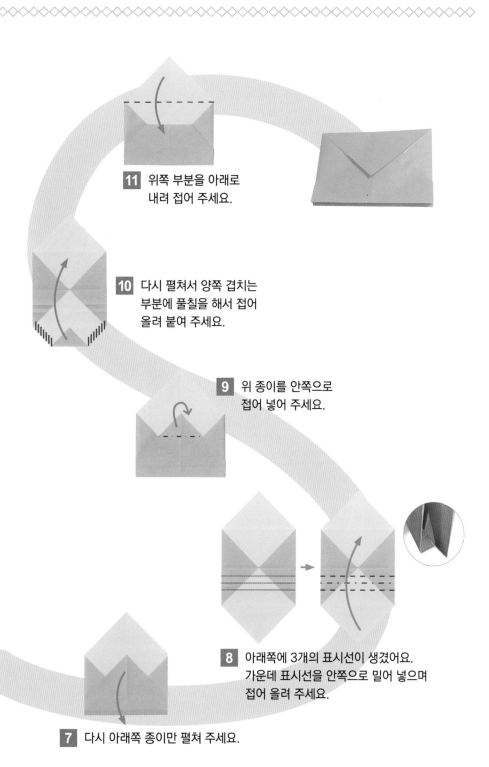

11 위쪽 부분을 아래로
내려 접어 주세요.

10 다시 펼쳐서 양쪽 겹치는
부분에 풀칠을 해서 접어
올려 붙여 주세요.

9 위 종이를 안쪽으로
접어 넣어 주세요.

8 아래쪽에 3개의 표시선이 생겼어요.
가운데 표시선을 안쪽으로 밀어 넣으며
접어 올려 주세요.

7 다시 아래쪽 종이만 펼쳐 주세요.

10월 단풍 丹楓

단풍에 사슴

10월은 일본에서 단풍놀이의 계절인 동시에 예전엔 사슴 사냥철이었다.
숫사슴과 단풍이 등장하는 것도 이러한 계절을 반영했기 때문이다. 사슴을 의미하는 '鹿'와
단풍을 뜻하는 '楓'은 끝자와 첫자가 연결되는데, 역시 의도적인 시적 효과를 노린 것이다.

124

부록

❖ 채근담 전집

004

권세와 명예, 부귀영화를 가까이하지 않는 이도 청렴결백하지만, 가까이하면서도 물들지 않는 사람이 더욱 고결한 사람이다. 권모술수를 모르는 사람을 고상하다 하고, 이를 쓸 줄 알면서도 쓰지 않는 이가 더욱 뛰어난 사람이다.

010

예로부터 은총 속에서 재앙이 싹트고, 한층 만족스러울 때 일찌감치 돌이켜 반성해야 한다. 실패한 뒤에도 간혹 성공할 수 있으니, 일이 뜻대로 되지 않는다 하여 즉시 손을 떼지 않도록 해야 한다.

016

영예와 이익을 얻는 데는 남들 앞에 서지 말고, 덕행과 업적을 쌓는 데는 남에게 뒤떨어지지 말라. 받아서 누림은 분수를 넘지 말고, 수양과 실천은 자기의 능력을 줄이지 말라.

023

남의 허물을 책망할 때는 너무 엄하게 하지 말라. 그가 그 말을 받아서 감당할 수 있는가를 생각해야 한다. 남을 가르칠 때 선으로써 하되 지나치게 높은 것으로 하지 말라. 그로 하여금 따를 수 있게 해야 한다.

027

높은 관직에 있어도 초야에 은거하여 명예와 이익을 구하지 않는 은자의 고결한 풍취를 가져야 하고, 초야에 은거하면서도 모름지기 국가를 다스리는 포부를 지녀야 한다.

028

세상을 살아감에 있어서 반드시 공적을 바라지 말라. 허물이 없으면 그것이 바로 공적이다. 남에게 베풀되 베푼 은덕에 감동하기를 바라지 말라. 원망을 듣지 않고 사는 것이 바로 은덕이다.

029

세심하고 근면한 것이 미덕이 분명하지만, 과도하게 있는 힘을 다하면 마음이 즐겁고 상쾌하게 할 수 없으며, 담백하다는 것은 고상한 기풍이지만 지나치게 인정이 메마르면 남을 돕고 세상을 이롭게 할 수 없다.

030

일이 막히고 세력이 약해진 사람은 마땅히 처음 시작했을 때의 마음을 돌이켜 보아야 하고, 공을 이루어 만족한 사람은 그 말로에 닥칠 어려움을 살펴야 한다.

035

인정은 변하기 쉽고 세상살이는 험난하고 고생스럽다. 쉽게 갈 수 없는 곳에서는 모름지기 한 걸음 뒤로 물러서는 법을 알아야 하고, 쉽게 갈 수 있는 곳이라도 조금씩 양보하는 정도의 공덕을 더해야 한다.

036

소인을 대할 때 엄격하게 하는 것이 어려운 것이 아니라 미워하지 않기가 어려우며, 군자를 대할 때에 공손하기는 어렵지 않으나 예를 바르게 갖추기가 어렵다.

051

내가 남에게 베푼 공이 있으면 생각하지 말아야 하고, 내가 남에게 잘못한 일은 오래도록 잊지 말라. 남이 나에게 베푼 은혜가 있으면 잊지 말아야 하고, 남이 나에게 끼친 원한이 있으면 잊어야 한다.

062

진정한 청렴에는 청렴하다는 이름이 없으니, 이름을 드날리고자 하는 것은 바로 탐욕스럽기 때문이다. 가장 뛰어난 재주는 별다른 기교가 있는 것이 아니니, 기묘한 재주를 부리는 것은 곧 졸렬하기 때문이다.

063

기울어진 그릇은 가득 차면 엎질러지고, 저금통은 비어 있음으로써 온전하다. 그러므로 군자는 차라리 빈 상태에 있을지언정 욕망이 가득 찬 세계에 살지 않으며, 차라리 부족할지언정 완전무결함을 구하지 않는다.

067

악행을 행한 다음 다른 사람이 알까봐 두려워함은 악행 가운데 아직 선의 길이 있음이요, 착한 일을 행하고 나서 급하게 남이 알아주기를 바란다면 그 선행 속에 이미 악의 뿌리가 있는 것이다.

075

사리사욕의 마음은 비어 있지 않으면 안 되나니, 마음이 비어 있으면 정의와 진리가 들어 와서 자리를 잡는다. 정의의 마음은 채우지 않으면 안 되나니, 마음을 채워야 물욕이 침입하지 못할 것이다.

080

아직 이루지 못한 공을 도모하는 것은 이미 이루어 놓은 일을 보전함만 같지 못하고, 지난날의 허물을 뉘우치는 것은 앞으로 다가올 잘못을 미리 대비하는 것만 못하다.

093

평민이라 할지라도 기꺼이 덕을 쌓고 은혜를 베푼다면 벼슬 없는 재상이 되고, 사대부라 하더라도 한갓 권세를 탐하고 총애를 판다면 마침내 벼슬 있는 거지가 되는 것이다.

095

군자이면서 위선적인 행동을 하는 것은 소인이 나쁜 일을 일삼는 것과 다름없으며, 군자로서 절개를 바꾸는 것은 소인이 스스로 제 잘못을 고치는 것만도 못하다.

097

자기 마음을 살펴 늘 원만함을 얻을 수 있다면 온 세상이 저절로 결함이 없는 세계가 될 것이고, 자기 마음을 항상 너그럽고 평온하게 놓아둘 수 있다면 온 세상에 저절로 사악한 인정이 없어질 것이다.

105

남의 사소한 잘못을 책하지 말며, 남의 사사로운 비밀을 드러내지 말며, 남이 과거에 저질렀던 잘못을 생각하지 말아야 한다. 이 세 가지는 나의 덕을 기를 수 있으며, 또한 해로움을 멀리할 수 있다.

112

자신의 뜻을 굽혀서 다른 사람을 기쁘게 하느니 차라리 자신의 행실을 올 곧게 하여 남의 미움을 받는 것이 낫다. 별로 잘한 일도 없이 남의 칭찬을 받느니 차라리 아무 잘못 없는 채로 남에게 흉잡히는 것이 낫다.

114

작은 일을 하더라도 빈틈이 없게 하고, 남이 보지 않는 곳에서도 속이거나 숨기지 않으며, 일이 실패했더라도 나태하거나 포기하지 않으면 그런 사람이야말로 진정한 영웅이다.

115

천금으로도 상대방에게 잠시의 환심조차 얻기 어려울 때가 있는가 하면, 한 끼 식사 대접만으로도 평생 동안 감격하게 만든다. 대체로 사랑이 지나치면 도리어 원한이 되고, 작은 은혜가 도리어 큰 즐거움이 되기도 한다.

120

한쪽 편의 말만을 믿음으로써 간사한 사람에게 속지 말아야 하며, 자신의 힘을 과신하여 객기를 부리지 말 것이며, 자신의 장점을 나타내기 위해 남의 단점을 드러내지 말며, 자기가 졸렬하다고 남의 유능함을 시기하지 말라.

126

남이 나를 속이는 것을 알지라도 말로 나타내지 않고, 남이 자기를 업신여긴다 해도 안색이 변치 않는다면, 이 가운데 무궁한 뜻이 있고, 또 무궁한 효능이 있는 것이다.

127

역경과 곤궁은 호걸을 단련하는 한 벌의 화로와 망치이니, 능히 그 단련을 제대로 받으면 몸과 마음에 함께 이로운 것이지만, 그 단련을 이겨내지 못한다면 몸과 마음이 함께 모두 손해가 된다.

136

공로와 과실은 조금도 혼동하지 말아야 한다. 만일 흐리터분하게 하면 사람들이 나태한 마음을 품는다. 은혜와 원한은 너무 분명히 구분 짓지 말아야 한다. 지나치게 구분하면 사람들이 배반하고 의심하는 마음을 일으키리라.

162

다른 사람을 믿는 것은 그 사람이 반드시 모두 성실해서가 아니라 자기만은 홀로 진실하기 때문이요, 다른 사람을 의심하는 것은 그 사람이 반드시 다 속여서가 아니라 저 스스로가 먼저 속이기 때문이다.

168

남의 허물은 마땅히 용서해야겠지만 자신의 허물은 용서해서는 안 된다. 내가 겪고 있는 곤궁과 굴욕은 마땅히 참아야겠지만 다른 사람이 당한 곤욕을 방관해서는 안 된다.

180

자비로운 하나의 생각은 천지간의 온화한 기운을 빚어낼 것이요, 가슴 속 한 치의 청렴결백한 마음은 가히 맑고 향기로운 이름을 영원히 남길 수 있다.

181

음흉한 모략과 괴상한 버릇, 이상한 행동, 기이한 재주는 모두 세상을 살아가는 데 있어 재앙의 씨가 된다. 다만 한 가지 평범한 덕성과 행실만이 곧 인간의 본성을 온전히 하고 화평을 불러들일 수 있다.

189

소인과는 원수를 맺지 말라. 소인은 그에게 걸맞은 적수가 있기 때문이다. 군자에게 아첨하지 말라. 군자는 원래 사사로운 은혜를 베풀지 않기 때문이다.

192

차라리 소인에게 시기와 헐뜯음을 받을지언정 소인배의 아첨하는 대상이 되어서는 안 된다. 차라리 군자의 꾸짖음을 받아 바로잡힐지언정 군자가 감싸는 대상이 되어서는 안 된다.

197

큰 공을 세우고 큰 사업을 이루는 사람은 대개 허심탄회한 사람이며, 일을 실패하고 기회를 놓치는 사람은 반드시 집착이 강하고 고집이 세다.

198

세상을 살아감에는 마땅히 세속에 휩쓸려서도 안 되고, 또한 세속과 달리하여도 안 된다. 일을 추진할 때에는 남들의 미움을 받아서도 안 되지만 그렇다고 남들의 비위를 맞추려 해서도 안 된다.

199

하루 해가 이미 저물었어도 오히려 노을이 아름답고, 한 해가 장차 저물려고 하는데 다시 등자와 귤이 꽃다운 향기를 풍긴다. 그러므로 군자는 인생의 만년에 다시금 정신을 백 갑절 가다듬어야 할 것이다.

201

검소함은 미덕이지만 도가 지나치면 탐욕스럽고 인색하게 되어 인정과 도리를 해치게 된다. 겸양은 아름다운 행실이지만 도를 넘어서면 지나치게 겸손하며 소심하게 되어 이기심이 생기는 경우가 많게 된다.

202

일이 뜻대로 안 된다고 근심하지 말며, 생각대로 잘된다고 기뻐하지 말라. 오래도록 편안할 것이라고 믿지 말며, 처음 맞는 어려움을 꺼리지 말라.

210

사람을 쓸 때는 너무 각박하게 대하지 말아야 한다. 너무 각박하게 대하면 열심히 일하려고 했던 사람이 떠나간다. 친구를 사귐에 있어서는 함부로 하지 말아야 한다. 사람을 함부로 사귀다보면 아첨하는 자들이 모여든다.

225

세상 풍파가 걷혀 잔잔하고 고요한 가운데에서 인생의 참된 경지를 볼 수 있고, 인간의 욕망을 떨쳐 맛이 담백하고 소리 드문 곳에서 마음의 본래 모습을 알 수 있다.

❖ 채근담 후집

013

부싯돌에 번쩍 하고 마는 불빛 같은 인생에서 서로 길고 짧음을 다투어 이긴들 얼마나 되겠는가. 달팽이 뿔 위에서 자웅을 겨루어 이긴들 얼마나 큰 세상이겠는가.

022

권력에 빌붙다가 초래한 재앙은 매우 참혹하고 매우 빠르게 닥치지만, 욕심 없이 평안하게 지내는 정취는 참으로 담백하고 또 가장 오래간다.

025

앞을 다투는 길은 좁으니 한 걸음 뒤로 물러서면 저절로 한 걸음 넓고 평탄해지며, 진하고 좋은 맛은 금방 싫증나니 조금 맑고 담백하게 하면 저절로 그만큼 오래가리라.

044

내가 영화를 바라지 않거늘 어찌 이득과 봉록의 향기로운 미끼를 근심할 것이며, 내가 공명을 다투지 않거늘 어찌 벼슬살이의 위태로움을 두려워하겠는가.

049

몸은 매어놓지 않은 배와 같으니 물 흐름에 따라 흘러가거나 멈추거나 맡겨둘 것이요. 마음은 이미 재가 된 나무와 같으니 칼로 쪼개건 향을 바르건 무슨 상관이 있겠는가.

057

늙은이의 입장에서 젊은 시절을 바라보아야 바쁘게 달리고 서로 다투는 마음이 없어질 것이요, 쇠퇴한 처지에서 영화로움을 보면 사치하고 화려해 지고자 하는 생각을 끊을 것이다.

087

정신이 왕성하면 베 이불을 덮고 좁은 방에서도 즐겨 잘 수 있으며 천지의 온화한 기운을 얻을 것이요, 입맛이 만족하면 명아주 국에 거친 보리밥을 먹어도 만족을 느낄 수 있으며 인생의 담박한 참맛을 알 수 있다.

116

자기 한 몸에 대하여 자신이 제대로 깨달은 사람이라야 만물을 만물에 맡길 수 있고, 천하를 천하에 되돌릴 수 있는 사람이라야 속세에 있으면서도 속세를 벗어나게 한다.

스도쿠

1 (32p)

5	2	4	8	6	1	9	7	3
3	9	1	2	7	5	6	4	8
7	6	8	4	3	9	2	5	1
6	4	9	3	8	7	1	2	5
2	3	5	1	9	6	4	8	7
8	1	7	5	4	2	3	6	9
4	5	2	7	1	3	8	9	6
9	8	3	6	5	4	7	1	2
1	7	6	9	2	8	5	3	4

2 (56p)

6	9	2	7	1	3	5	8	4
8	4	1	9	5	2	7	6	3
7	5	3	4	6	8	1	2	9
4	1	9	2	8	7	6	3	5
2	8	5	6	3	1	4	9	7
3	7	6	5	9	4	2	1	8
1	2	7	3	4	9	8	5	6
5	3	8	1	7	6	9	4	2
9	6	4	8	2	5	3	7	1

3 (84p)

8	5	3	1	2	6	4	7	9
4	1	6	9	7	3	2	5	8
7	2	9	8	4	5	3	6	1
9	3	2	4	5	1	6	8	7
5	6	8	2	9	7	1	4	3
1	7	4	6	3	8	9	2	5
3	8	1	5	6	2	7	9	4
6	4	5	7	1	9	8	3	2
2	9	7	3	8	4	5	1	6

4 (110p)

6	7	9	8	3	2	1	5	4
2	3	4	9	5	1	7	8	6
1	8	5	7	4	6	2	3	9
3	5	1	4	6	8	9	7	2
9	6	7	2	1	5	3	4	8
4	2	8	3	9	7	5	6	1
5	9	6	1	8	3	4	2	7
7	4	3	6	2	9	8	1	5
8	1	2	5	7	4	6	9	3

미로 찾기

1

33p

2

57p

3

85p

4

111p

한자 퍼즐

①

		¹不	²顧
	³訪	問	客
⁴常		可	
⁵溫	故	知	新

114p

②

¹英	²才	教	育
³特	色		
	兼		⁴憂
⁵有	備	無	患

114p

③

¹安	全	²運	轉
		搬	
³書	類	作	⁴成
藝		⁵業	績

115p

④

¹針		²教	訓
³小	兒	科	
棒			⁴充
⁵大	義	名	分

115p

5

¹高	²等	學	³校		⁴出	現
	高		⁵門	下	生	
⁶五	線	⁷紙			⁸地	⁹下
角		¹⁰面	¹¹會	室		水
¹²形	¹³成		心		¹⁴力	道
	年		作		不	
¹⁵禮	式	場		¹⁶定	足	數

117p

엮은이 **김진남**
한자를 쉽게 배울 수 있도록 한자십자퍼즐을 직접 창안하였다.

주요저서
《사자성어 활용사전》,《어부지리 한자》,《일거양득 한자》,《일사천리 한자》,《다다익선 한자》,
《한자 100배 즐기기》,《재미있는 한자퍼즐》,《교과서 한자 따라쓰기》,《한자능력 검정 시험》
등 다수가 있다.

초판 1쇄 인쇄 | 2025년 1월 20일
초판 1쇄 발행 | 2025년 1월 27일
엮은이 | 김진남
디자인 | 윤영화
제작 | 선경프린테크
펴낸곳 | Vitamin Book 헬스케어
펴낸이 | 박영진
등록 | 제318-2004-00072호
주소 | 07250 서울특별시 영등포구 영등포로 37길 18 리첸스타2차 206호
전화 | 02) 2677-1064
팩스 | 02) 2677-1026
이메일 | vitaminbooks@naver.com

ISBN 979-11-94124-07-8 (13690)

뇌 훈련·간병 예방에 도움되는

쉬운 색칠 그림

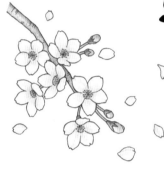

색칠하기 쉬운!
심플한 그림!

1 봄·여름 꽃 편
마음에 드는 그림을 골라 색칠을 해 보세요.

2 가을·겨울 꽃 편
색칠을 하면 그대로 그림엽서가 되고 짧은 글도 적을 수 있어요.

3 야채 편
야채의 특징과 효능, 읽을거리 등 해설과 사진을 첨부하여 더욱 즐겁게 색칠할 수 있어요.

4 봄에서 여름을 수놓는 꽃 편
봄·여름 개화 순서로 나열되어 있어서 처음부터 색칠해도 좋아요.

5 과일 편
견본을 보고 똑같이 색칠하는 작업은 뇌가 활성화된다고 해요. 견본을 보면서 색칠해 보세요~

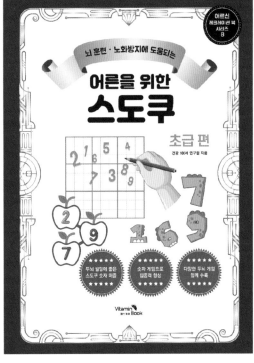

비타민북은 독자 여러분의 투고를 기다립니다.